Made in the USA
Las Vegas, NV
17 September 2023

77744144R00057